AF278688

LA FRANCE

ET

LES ÉTATS-UNIS

COMPARÉS

DEUXIÈME ÉDITION

30 centimes.

PARIS

ARMAND LE CHEVALIER, ÉDITEUR

61, RUE RICHELIEU, 61

1869

—

LA FRANCE

ET

LES ÉTATS-UNIS

COMPARÉS

	FRANCE.	ÉTATS-UNIS.	OBSERVATIONS.
Population......	38,067,064 habit. (1).	38,000,000 d'habit. (2).	
Superficie territoriale.	543,051 kil. carrés (3).	6,541,962 kil. carrés. A.	A. Cette superficie est plus de douze fois celle de la France. Le domaine public seul est plus de huit fois aussi grand que la France. Là sont les plus grands fleuves du monde : le Mississipi qui a un parcours de 1,857 lieues, le Missouri de 1,247 lieues; les plus vastes lacs : le lac Supérieur qui a 140 lieues de long sur 37 de large, le lac Michigan qui a 128 lieues de long sur 28 de large; les plus magnifiques forêts du globe, les terres vierges, les plus riches mines de houille, de fer, de mercure, de cuivre, de plomb, d'argent et d'or.
SOUVERAIN.	LE PEUPLE FRANÇAIS. B.	LE PEUPLE AMÉRICAIN. B'.	B. Lequel a conquis sa souveraineté par le grand soulèvement national de 1789, et les victoires de 1830 et 1848. B'. Lequel, à peine de trois millions et demi d'habitants, a conquis sa souveraineté le 19 août 1781 après une guerre de six ans contre l'Angleterre, soutenue avec une indomptable fermeté, aidée par la France représentée par les généraux Rochambeau et Lafayette.

(1) *Annuaire des longit.*, 1868, p. 244.

(2) Message du Présid. Johnson, 24 déc. 1868.

(3) *Annuaire d'écon. polit.*, 1866, p. 290. — *Les États-Unis d'Amérique* en 1862, par John Bigelow, consul des États-Unis à Paris, p. 230, 231.

	FRANCE.	ÉTATS-UNIS.	OBSERVATIONS.
Principes fondamentaux des sociétés française et américaine.	LA LIBERTÉ ET L'ÉGALITÉ.	LA LIBERTÉ ET L'ÉGALITÉ.	
Moyens qui assurent l'existence de la liberté.	B″.	L'inviolabilité de la personne, L'inviolabilité du domicile, L'inviolabilité des papiers, L'inviolabilité de la presse, L'inviolabilité de la parole, L'inviolabilité du droit de réunion, L'inviolabilité du droit de pétition, L'inviolabilité du droit à porter des armes, Le droit de tous les citoyens de poursuivre les fonctionnaires publics.	B″. Une terrible loi de sûreté générale. — Les fonctionnaires publics, en France, ne peuvent être poursuivis qu'avec l'autorisation préalable de fonctionnaires publics, art. 75, Constit. de l'an VIII, ce qui les constitue en quelque sorte inviolables et irresponsables de leurs actes.
Moyens qui assurent l'existence de l'égalité.		L'instruction : Laquelle, donnée indistinctement à toutes les classes, ne laisse plus subsister entre les citoyens de l'Union que les inégalités naturelles. Il n'y a pas de cour. Il ne peut être accordé ni titres de noblesse ni décorations.	
Forme de gouvernement........	L'Empire.	La République.	
Divisions territoriales.	89 départements régis par une loi uniforme.	37 États indépendants unis par un lien fédératif.	

	FRANCE.	ÉTATS-UNIS.	OBSERVATIONS.
Chef de l'État...	Un Empereur.	Un Président.	
Origine du pouvoir.	L'élection du peuple après le coup d'État militaire accompli dans la nuit du 2 décembre 1851.	L'élection du peuple procédant régulièrement depuis Washington, premier président.	
Durée du pouvoir.	Héréditaire. C.	Quatre ans. C'.	C. Les Français ont paru penser que l'hérédité assure la stabilité du gouvernement.
Traitement du chef de l'Etat...... **De sa famille...**	25,000,000 fr. 1,500,000 —————— 26,500,000 fr.	125,000 fr. (25,000 dollars.)	C'. Les Américains n'admettent pas qu'une génération ait le droit d'enchaîner la volonté des autres générations. Ils pensent, d'ailleurs, que la stabilité résulte de l'accord de la nation avec son gouvernement. Ils défient qu'on puisse trouver chez eux l'exemple d'un gouvernement renversé, la nation se gouvernant elle-même. Ce système permet, selon eux, de choisir constamment, dans toute l'Union, le citoyen le plus digne, tandis qu'il est dans la plénitude de ses facultés, et d'éviter par ce moyen le gouvernement des incapables, d'un enfant ou d'un vieillard, et les régences. On lui doit la série d'hommes respectables, de grands présidents qui ont gouverné l'Union sans interruption depuis Washington jusqu'à Lincoln.
Résidences......	Douze châteaux impériaux : 1° Les Tuileries, 2° l'Élysée, 3° Saint-Cloud, 4° Meudon, 5° Saint-Germain, 6° Versailles, 7° Rambouillet, 8° Compiègne, 9° Fontainebleau, 10° Pau, 11° Strasbourg, 12° Bordeaux.	Maison-Blanche, Maison de simple apparence, où, deux fois la semaine, le Président reçoit indistinctement tous les citoyens, sans étiquette, avec une franche cordialité.	— Le prix de toutes choses est généralement plus élevé aux États-Unis qu'en France, en sorte que 125,000 fr. représentent aux États-Unis une somme plus faible qu'en France, à peine 100,000 fr.
Estimation de la jouissance des châteaux impériaux.........	?..... mémoire. D.		D. Ces châteaux, leurs fermes et leurs forêts, ce mobilier et ces diamants s'élèvent à une somme énorme. Il est certain que la France pourrait vendre ces châteaux, ce mobilier et ces diamants, ou les louer, ou les utiliser à son profit, pour payer ses dettes. Rambouillet seul vaut plus de 40 millions, d'après l'estimation de M. de Cormenin
Autres jouissances.	Mobilier de la couronne. Diamants de la couronne.		
Estimation de la jouissance du mobilier de la couronne......	?..... mémoire.		

	FRANCE.	ÉTATS-UNIS.	OBSERVATIONS.
Estimation de la jouissance des diamants de la couronne......	?..... mémoire.		
Total..........	?..... mémoire.		
Rapport entre les traitements des deux chefs d'État.	Comme 212 : 1. Le traitement de l'Empereur est 212 fois plus considérable que celui du président.		
Nombre d'années de Présidence pour égaler une année du traitement de l'Empereur.	212 années, soit plus de deux siècles.		
Sommes que forment les deux traitements au bout de 20 ans avec les intérêts composés au 5°/₀.	Traitement impérial : 954,000,000 fr. Près d'un milliard en argent. Sans compter la jouissance des châteaux, forêts, fermes, mobiliers, diamants.	Traitement présidentiel : 4,500,000 fr.	
Attributions du chef de l'État.	L'Empereur est le chef du pouvoir exécutif.	Le Président, *idem.*	
	L'Empereur commande en chef les armées de terre et de mer.	Le Président, *idem.*	
	L'Empereur autorise ou ordonne par décret tous les travaux d'utilité publique, toutes les entreprises d'utilité générale.	Le Président n'a pas ce droit.	
	L'Empereur déclare la guerre.	Le Président n'a pas ce droit.	
	L'Empereur fait les traités de paix.	Le Président n'a pas ce droit.	
	L'Empereur fait les traités d'alliances.	Le Président n'a pas ce droit.	

	FRANCE.	ÉTATS-UNIS.	OBSERVATIONS.
Attributions du chef de l'État.	L'Empereur fait les traités de commerce.	Le Président n'a pas ce droit.	
	L'Empereur nomme à tous les emplois.	*Idem*, mais avec l'approbation du Sénat.	
	L'Empereur confère les titres de noblesse et les décorations.	Le Président n'a pas ce droit.	
	L'Empereur a seul l'initiative des lois.	Le Président n'a pas l'initiative des lois.	
	L'Empereur sanctionne les lois et les sénatus-consultes.		
	L'Empereur a le droit de faire grâce.	*Idem*.	
	La justice est rendue au nom de l'Empereur.	La justice est rendue au nom du peuple américain.	
	L'Empereur peut déclarer en état de siége un ou plusieurs départements.	Le Président a principalement pour mission de veiller au maintien de la constitution et à la fidèle exécution des lois.	
	L'Empereur convoque, L'Empereur ajourne, L'Empereur proroge, L'Empereur dissout le Corps législatif.	Il recueille des renseignements sur l'état de l'Union qu'il adresse au congrès. Il recommande à sa considération les mesures qu'il juge nécessaires.	
Sa responsabilité.	L'Empereur est responsable. E.	Le Président, *idem*.	E. L'Empereur est responsable devant la nation, tout Français qui oserait accuser l'Empereur, le critiquer, serait poursuivi et condamné pour attentat et offense envers la personne de l'Empereur, aux peines les plus sévères.
A qui appartient le droit de sa mise en accusation.		A la Chambre des représentants.	

V. *les Constitutions d'Europe et d'Amérique comparées*, par M. Laferrière, revues par M. Batbie, 1869.

	FRANCE.	ÉTATS-UNIS.	OBSERVATIONS.
evant quel tribunal.........	A.	Le Sénat.	A. La loi ne dit en France ni à qui appartient le droit de mise en accusation, ni devant quel tribunal, ni dans quelles formes. La responsabilité impériale, telle qu'elle est *constituée* en France, équivaut donc à la plus complète irresponsabilité.
MINISTRES.			
eur nombre....	10.	7.	
ui les nomme...	L'Empereur.	Le Président, mais le choix est soumis à l'approbation du Sénat.	
raitement......	100,000 fr. par an.	40,000 fr. par an (8,000 doll.).	
n plus, pour frais de représentation	Ministre d'État : 30,000 fr. Ministre de la guerre : 30,000 fr.		
Total....	1,060,000 fr.	280,000 f.(56,000 doll.).	
SÉNAT.			
ombre de Sénateurs.........	165.	68 (2 par État) *.	* Trois États ne sont pas représentés.
ui les nomme..	L'Empereur.	Le peuple américain.	Le Sénat américain se renouvelle par tiers tous les deux ans.
urée des fonctions.........	A vie.	6 ans.	
raitement......	30,000 fr. par an.	25,000 fr. par an (5,000 doll.).	
e Président.....	100,000 fr.	Le Président 40,000 fr. (8,000 doll.).	
épenses administratives du Sénat.	1,160,000 fr.		
Total......	6,159,000 fr. par an.	1,715,000 fr. par an (343,000 doll.).	

Voir *The American year book and national register for* 1869, London, Trubner and C°.

	FRANCE.	ÉTATS-UNIS.	OBSERVATIONS.
CORPS LÉGISLATIF.	Députés.	Représentants.	
Nombre de membres.........	292.	243.	
Qui les nomme..	Le peuple français. B.	Le peuple américain.	B. Mais, en France, l'élection n'est pas complétement libre : le gouvernement intervient ; il soutient des candidatures et combat d'autres candidatures avec toutes les ressources de la nation.
Durée du mandat.	6 ans.	2 ans.	
Traitement......	12,500 fr. par an.	25,000 fr. (5,000 doll.).	On remarquera la proportion qui existe aux États-Unis entre le traitement du chef du pouvoir exécutif et celui des membres de la Chambre des représentants, qui est comme 1 est à 5, comparée à la proportion qui existe entre le traitement de l'Empereur et celui des représentants du peuple français qui est comme 1 est à 2120, ou plus de sept fois celui de la Chambre entière.
Traitement du Président......	100,000 fr. par an.	50,000 fr. (10,000 doll.).	
Dépenses administratives du Corps législatif......	1,466,500 fr.		
Total......	5,116,500 fr.	6,100,000 fr. (1,220,000 doll.).	
Qui choisit le Président........	L'Empereur.	La chambre des représentants.	Aux États-Unis, une retenue de 8 dollars est opérée sur le salaire des représentants par jour d'absence qui n'a pas pour cause la maladie.
Attributions....	Le Corps législatif discute les lois que les ministres lui soumettent au nom de l'Empereur. Il les rejette, Les amende ou les vote. Il vote l'impôt. E'.	La Chambre des représentants a seule le droit de traduire en accusation les fonctionnaires publics. Le pouvoir national réside dans le congrès : Le congrès établit les impôts, Le congrès contracte les emprunts,	E'. Mais les dépenses sont le plus souvent faites avant la session, en sorte que les députés votent en quelque sorte forcément une portion notable de l'impôt.

	FRANCE.	ÉTATS-UNIS.	OBSERVATIONS.
Attributions.....		Le congrès frappe monnaie. Le congrès déclare la guerre. Le congrès fait les traités de paix. Le congrès fait les traités d'alliances. Le congrès fait les traités de commerce. Le congrès soutient les armées de terre et de mer.	
roits-auxquels il ne peut être porté de restriction.		La liberté de la presse. La liberté de la parole. La liberté de réunion. La liberté de pétition. Le droit à porter des armes. Là liberté des cultes. Le congrès ne peut même établir de religion d'État.	
SALAIRES.			
ysans, moyenne ar jour.	2 fr.	Au moins 4 fr.	
vriers, moyenne ar jour.	3 fr.	Au moins 6 fr.	
ysans, par an 365 jours de ravail).	730 fr.	1,460.	
vriers, par an 365 jours de ravail).	1,095 fr.	2,199.	

	FRANCE.	ÉTATS-UNIS.	OBSERVATIONS.
TRAITEMENTS comparés avec les salaires.			
Chef de l'État, par jour.	L'Empereur : 72,602 fr. 73 c.	Le Président : 342 fr. 46 c.	
Salaire de......	36,301 paysans.	85 paysans.	
Ou de..	12,100 ouvriers.	57 ouvriers.	
Ministre........	Par jour 273 fr. 97 c.	Par jour 109 fr. 58 c.	
Salaire de......	» » 125 paysans. » » 91 ouvriers.	» » 27 paysans. » » 18 ouvriers.	
Sénateur.	Par jour 82 fr. 02 c.	Par jour 68 fr. 49 c.	
Salaire de......	» » 41 paysans. » » 27 ouvriers.	» » 17 paysans. » » 11 ouvriers.	
Député.........	Par jour 34 fr. 24 c.	Par jour 68 fr. 49 c.	
Salaire de......	» » 12 paysans. » » 8 ouvriers.	» » 7 paysans. » » 11 ouvriers.	
Durée du travail effectif de l'Empereur, des Sénateurs et des députés.	6 mois au plus. F.	Idem.	F. La durée des sessions o[r]dinaires étant de 3 moi[s] de 6 mois au plus, il res[te] 6 mois aux membres de c[e] corps pour vaquer à d'a[u]tres affaires ou à leurs pla[i]sirs. Ainsi de l'Empereu[r] qui passe 6 mois en vill[é]giature. Ce traitement e[st] donc pour 6 mois au pl[us] de travail effectif. Po[ur] avoir le prix de ce trava[il] il faut donc doubler le tra[ite]ment.
Traitement par jour de travail effectif.	L'Empereur : 145,205.	Le Président : 684 f. 92.	
Salaire de......	72,602 paysans,	171 paysans.	
Ou de...	24,200 ouvriers.	114 ouvriers.	

	FRANCE.	ÉTATS-UNIS.	OBSERVATIONS.
…ateur........	Par jour 164 fr. 04 c.	Par jour 136 fr. 98 c.	
…aire de......	» » 82 paysans. » » 54 ouvriers.	» » 34 paysans. » » 22 ouvriers.	
…uté.........	Par jour 48 fr. 48 c.	Par jour 136 fr. 98.	
…aire de......	» » 24 paysans. » » 16 ouvriers.	» » 34 paysans. » » 22 ouvriers.	
POUVOIR JUDICIAIRE.	Une magistrature inamovible, mais dont l'avancement est entre les mains de l'Empereur.	*Idem., idem.,* mais complétement indépendante. La Cour suprême, composée d'un chief-justice avec huit assesseurs, tous à vie, nommés par le Président avec l'approbation du Sénat; le 1er juge reçoit un traitement de 32,500 fr. par an (6,500 dollars), chacun des 8 assesseurs 30,000 fr. par an (6,000 doll.), la cour suprême entière : 272,500 fr. (54,500 doll.).	
…i a établi ces …ouvoirs.......	La constitution.	*Idem.*	
…ractère distinc-…if des constitu-…ions française …t américaine.	Indiscutable. G. Elle est au-dessus de l'examen de la nation française. Une amende de 500 fr. à 10,000 fr. est infli-	Toujours discutable. G'. Le congrès, toutes les fois que les deux tiers des deux chambres le jugent nécessaire, peut proposer	G. Pourtant elle est déclarée perfectible. Elle est donc perfectible sans être discutable. On ne dit pas par quel moyen elle est perfectible. G'. La constitution américaine porte ce préambule : « Nous, le peuple des États-Unis, afin de former une

	FRANCE.	ÉTATS-UNIS.	OBSERVATIONS.
	gée à tout Français qui ose discuter ou critiquer la consti- tution.	des amendements à la constitution.	Union plus parfaite, d'éta blir la justice, d'assurer l tranquillité intérieure, d pourvoir à la défense com mune, d'accroître le bier être général, et de rendı durables pour nous et notı postérité les bienfaits de liberté, nous faisons, nou décrétons et nous établis sons cette constitution pou les États-Unis d'Amérique.
ARMÉE.			
Contingent......	100,000 hommes.	41,247 hommes.	
Sous le drapeau.	450,000 hommes.		
Effectif........	600,000 hommes.		
Va être porté à..	800,000 hommes.		
BUDGETS.		Budget normal.	
Guerre......	451,000,000	116,219,110 fr.	
Marine......	179,000,000	73,563,050	
	Créd. suppl. 23,000,000		
	653,000,000	189,782,160 fr.	
Instruction publique.	21,950,821 fr. (1868).	214,451,700 fr. (1862).	En France, sur un contir gent de 100,000 homme les statistiques établisseı que : 25,000 environ ne savent lire ni écrire; 2,500 environ savent lire ; Il y en a 2,500 à 3,000 doı on n'a pu vérifier l'instru tion ; 70,000 environ savent lire écrire. On n'a pas constaté le degı de cette instruction, ce q est un point important. Ces dernières années accuseı une légère amélioration ; nombre des jeunes gen sachant lire et écrire s'e un peu accru.
		L'instruction publique est la base de la puissance américaine, son objet de prédilection comme assurant l'égalité et garantissant la liberté. Plus de 2,023,000 hectares de terre ont été affectés aux différents États pour entretenir et encourager les établissements d'instruction publique. L.	L. Les États-Unis ont bien v que si, toutes choses éga les , l'instruction assure supériorité d'individu à in dividu, elle doit l'assure

	FRANCE.	ÉTATS-UNIS.	OBSERVATIONS.
ison de l'Em- ereur et des aux-Arts.	12,079,100.		aussi de peuple à peuple. Ils ont voulu être la pre-mière nation du monde.
sonnages tou- 1ant, au moyen 1 cumul, le trai- ement de un, de 2ux, de trois résidents des tats-Unis (1).	Un grand nombre. L. M. Troplong 356,000 fr. près de trois pré-sidents. M. Maréc. Vaillant 268,000 fr., plus de deux présidents, Maréchal Mac-Mahon 225,000 fr., près de deux présidents, Général de Goyon 197,000 fr., près de deux présidents, M. Rouher 188,000 fr., près de deux prési-dents, Général Fleury 149,000 fr., plus qu'un pré-sident, Le général Edgar Ney 149,000 fr., plus qu'un président, Le maréchal Canrobert 200,000 fr., près de deux présidents, Le maréchal Bazaine 200,000 fr., près de deux présidents, Le maréchal Baraguay-d'Hilliers 200,000 fr., près de deux prési-dents. Le maréchal Regnauld de Saint-Jean d'An-gely 200,000 fr., près de deux présidents.	Le cumul interdit. Les plus éminents hom-mes d'État, les plus éblouissants géné-raux de la grande république, Sher-man, Shéridan, Po-pe, Thomas, Grant, etc., n'ont jamais tou-ché que leur simple traitement. M'.	L. On ne sait ce qui motive ces traitements, si c'est parce que ces personnages valent mieux que les plus illustres Américains ou bien parce que la France n'au-rait pas d'indigents. M. Dans 20 ans de règne, avec les intérêts composés au 5 0/0, ces traitements s'élèveraient : 1. 10,816,000 fr. 2. 9,648,000 3. 8,100,000 4. 7,092,000 5. 6,768,000 6. 5,364,000 7. 5,364,000 8. 7,200,000 9. 7,200,000 10. 7,200,000 11. 7,200,000 12. 7,200,000 89,156,000 fr. pour 12 personnes. M'. Aux États-Unis, par an : Général commandant, 24,000 fr. (4,800 doll.). Lieutenant-général, 16,200 fr. (3,240 doll.). Major général, 13,200 fr. (2,640 doll.). Brigadier général, 7,440 fr. 1,448 doll.). Colonel, 6,605 fr. (1,320 doll.). Lieutenant-colonel, 5,700 fr. (1,140 doll.). Major de cavalerie, 4,800 fr. (960 doll.). Capitaine de cavalerie, 4,200 fr. (840 doll.). Lieutenant, 3,180 fr. (636 doll.). Simple cavalier, 780 fr. (156 doll.). Simple soldat, 780 fr. (156 doll.).

(1) V. le journal *le Palais*, 15 déc. 1868.

	FRANCE.	ÉTATS-UNIS.	OBSERVATIONS.
Nombre des fonctionnaires publics.	Il est innombrable. Les fonctionnaires forment une véritable nation de rétribués.	Très-faible. Il n'y a absolument que les fonctionnaires indispensables, et leur rétribution est modique.	Émigration d'Europe aux États-Unis : Années 1820 8,385 — 1825 10,199 — 1830 23,322 — 1835 45,374 — 1840 84,066 — 1845 ·114,371 — 1850 310,004 — 1855 200,877 Émigration des États-Unis en Europe : Néant.
INDIGENTS. **Nombre moyen annuel des assistés (1) :** Années : 1833 à 1837. 1837 à 1842. 1843 à 1847. 1848 à 1852. En 1853.	731,311. 813,210. 923,274. 982,516. 1,022,996.	A.	Nous n'avons pu nous procurer le chiffre des indigents d'un pays où il n'y a pas de charité officielle. Sans doute , il doit y en avoir aux États-Unis, mais en nombre infiniment petit, comparé à celui de notre pays. On sait que, d'après un acte du Congrès passé en juillet 1862, sous l'administration de M. Lincoln, il est concédé un lot de 64 hectares 73 centiares à toute personne âgée de vingt et un ans, qui consent à l'occuper, avec la condition de devenir citoyen des États-Unis, de l'exploiter pendant cinq ans et de payer 10 dollars (50 fr.) pour droits de cadastre et de transmission. (V. Bigelow, p. 384.)
En 1861, à Paris, sur 1,667,841 habitants (2).	101,759 indigents.		
Valeur moyenne annuelle des secours correspondant aux années ci-dessus.	9 fr. 44 c. 10 54 12 03 11 56 12 05		
Différence essentielle entre les deux États.	La France est gouvernée par un homme.	Les États-Unis se gouvernent eux-mêmes.	

(1) *Annuaire d'Écon. polit.*, année 1860, p. 183.

(2) *Annuaire d'Écon. polit.*, année 1865, p. 246.

V. *les États-Unis d'Amérique en 1863*, par John Bigelow, consul des États-Unis à Paris, p. 276.

Paris. — Typographie Adolphe Lainé, rue des Saints-Pères, 19.